ROBERT NIESCHLAG

Die Stellung des „Direktvertriebs" im modernen Marketing

Die Stellung des „Direktvertriebs" im modernen Marketing

Von

Prof. Dr. Robert Nieschlag

DUNCKER & HUMBLOT / BERLIN

Alle Rechte vorbehalten
© 1980 Duncker & Humblot, Berlin 41
Gedruckt 1980 bei Berliner Buchdruckerei Union GmbH., Berlin 61
Printed in Germany
ISBN 3 428 04738 9

Inhalt

Vorbemerkung 7

Was bedeutet „Direktvertrieb"? 8

Was leistet der „Direktvertrieb"? 14

Wer bedient sich des „Direktvertriebs"? 18

Wie ist der unbestellte Vertreterbesuch zu beurteilen? 23

Was kostet der „Direktvertrieb"? 31

Schlußbemerkung 35

Literaturhinweise 36

Vorbemerkung

Zu den zahlreichen Betriebsformen des Handels, die teilweise auf eine ziemlich lange Geschichte zurückblicken können, teilweise erst in jüngerer Zeit entstanden sind, gehört auch der „Direktvertrieb". All diese Formen und Typen verdanken ihre Entstehung den unternehmerischen Ideen und der Aktivität ihrer Gründer, die den Markt auf ihre eigene, möglichst unverwechselbare Weise ansprechen und sich mit Hilfe der von ihnen gewählten absatzpolitischen Konzeption und der dafür geeigneten Instrumente einen möglichst hohen, zumindest aber ausreichenden Marktanteil sichern wollen.

Anders vorzugehen als die Konkurrenten, ausgetretene Pfade zu meiden, wenn man Marktwiderstände überwinden oder ihnen ausweichen will, ist eine der wichtigen Lehren, die schon lange, bevor von modernem Marketing gesprochen wurde, angewandt und beherzigt wurden.

Der Direktvertrieb zeigt, wie verschieden die Wege sind, die zum Verbraucher bzw. einer bestimmten Zielgruppe führen, die man erreichen will. Am gesamten Einzelhandelsumsatz gemessen, haben die Unternehmen des Direktvertriebs in der Bundesrepublik zwar keine allzu große Bedeutung; auf einzelnen Gebieten spielen sie aber eine bemerkenswerte Rolle, regen den Wettbewerb an und füllen Marktlücken aus, die von anderen Anbietern nur schwer erreicht werden. Überdies wird das Prinzip des Direktvertriebs in weiten Bereichen außerhalb des Warenabsatzes mit großem Erfolg angewandt, nämlich beim Absatz von Dienstleistungen, vor allem von der Versicherungswirtschaft.

Was bedeutet „Direktvertrieb"?

Rasch zeigt sich bei näherem Zusehen, daß der Begriff „Direktvertrieb" nicht einfach zu definieren ist und manche Tücken hat. Jeder Absatz von Gütern und anderen Leistungen kann als „direkt" — nämlich als an eine bestimmte Gruppe von Abnehmern gerichtet — angesehen werden. Insofern vermag dieser Begriff nicht viel auszusagen. Er erhielt deutlichere Konturen, als groß gewordene Einzelhändler vor etwa hundert Jahren wie z. B. die Warenhäuser nicht mehr wie bisher üblich von Großhändlern ihre Waren beziehen wollten, sondern danach strebten, mit den Herstellern in unmittelbare Geschäftsverbindung zu treten. Auch die Hersteller erkannten bald die Vorteile, die der „direkte" Absatz an größere, frühzeitig bestellende und finanziell potente Abnehmer für sie hatte. Der verbesserte Überblick über den Markt, der sich daraus für beide Geschäftspartner ergab, wurde ebenso als ein Vorteil empfunden wie die „Einsparung" der Großhandelsspanne, durch die der kalkulatorische und preispolitische Spielraum sowohl der Nachfrager als auch der Anbieter in sehr erwünschter Weise ausgedehnt wurde.

Einer ähnlichen Entwicklung zum „Direktvertrieb" folgte eine Reihe von Herstellern wie z. B. Salamander, Bally, WMF schon früh, indem sie ihre Erzeugnisse (evtl. ergänzt durch andere Waren) in eigenen Verkaufsstellen (Läden) den Verbrauchern anboten.

Versandhäuser legten ebenfalls großen Wert darauf, Verbraucher (im Sinne von privaten Haushaltungen) „direkt" zu beliefern, also den Einzelhandel „auszuschalten", womit die Ladengeschäfte gemeint waren, obwohl sie selbst zum Einzelhandel gehören und eine seiner Betriebsformen darstellen.

„Direkt" abzusetzen, d. h. Zwischenstufen tatsächlich oder vermeintlich auszuschalten, sie gewissermaßen zu überspringen oder zu unterlaufen und sich dadurch einen ins Gewicht fallenden Vorteil im Wettbewerb zu verschaffen (oder sich wenigstens den Anschein zu geben, daß man über einen solchen Vorteil verfüge), gilt — wie sich zeigt —

seit altersher bis in die heutige Zeit als ein wichtiges Ziel für Anbieter von Gütern und anderen Leistungen. Man will dadurch der entscheidenden Stufe des Marktes näher sein, will wichtige Informationen über das Marktgeschehen früher erhalten und rascher in der Lage sein, zu agieren und zu reagieren.

Aus ganz ähnlichen Erwägungen versuchte man, von der anderen Marktseite her — also vom Verbaucher aus — mit Erzeugern und Herstellern ins Geschäft zu kommen, was einer der Leitgedanken der Konsumgenossenschaften in der Frühzeit war und noch heute viele Menschen veranlaßt, Wein oder Obst und Kartoffeln beim Erzeuger zu kaufen.

Freilich waren mit dem Direktabsatz auch Nachteile verbunden: Der „Absatz an die Kunden der (bisherigen) Kunden", also an Einzelhändler statt an Großhändler, an Verbraucher statt an Händler, führte zumindest im Prinzip zu Verkäufen in relativ kleinen Mengen anstelle von vergleichsweise großen Lieferungen an eine der Vorstufen, wie z. B. den Großhandel, der bekanntlich die Verteilung der Waren „über die Fläche" übernimmt; doch lockte gewissermaßen als Ausgleich für den Nachteil der Lieferung in kleinen Mengen zumindest ein Teil der Spannen, mit denen die ausgeschalteten oder übersprungenen Handelsstufen gearbeitet hatten.

Heute beherrschen Absatz und Beschaffung in großen Mengen den Handel, wie sich an der Handelskonzentration, an der wachsenden Marktbedeutung der großen Handelsunternehmungen und der (kooperativen) Handelsgruppen zeigt, die beide die Großhandels- und die Einzelhandelsstufe in sich vereinigen und damit als ein Stück „direkten" Absatzweges angesehen werden können, zumal der Weg der Ware vom Hersteller zum Verbraucher auf diese Weise nicht nur verkürzt, sondern durch moderne Dispositionsverfahren auch viel rationeller als bisher gestaltet wird.

Der Begriff des direkten Absatzes wird einmal in diesem weiten, umfassenden und damit vielleicht auch etwas unbestimmten Sinne gebraucht, im Sinne eines der Absatzwirtschaft gewissermaßen innewohnenden und sie beherrschenden langfristigen Zieles, das die Unternehmer immer wieder angestrebt und das sie zu verschiedenen Zeiten bei verschiedenem Wissensstand auf verschiedene Weise zu verwirklichen versucht haben, ein Ziel, das sich bis auf den heutigen Tag nicht verändert hat. Wir haben es mit einer der entscheidenden Kräfte zu tun, die das Marketing gegenwärtig und wahrscheinlich auch in der überschaubaren Zukunft bestimmen.

Doch wird der Begriff „Direktabsatz" oder „Direktvertrieb" noch in einem anderen, mehr speziellen Sinne verwandt, nämlich für eine Reihe von Herstellern, die ihre Produkte nicht über den Handel (im institutionellen Sinne) absetzen, also nicht über Ladengeschäfte, Versandhäuser u. dgl., sondern die Ge- und Verbraucher ihrer Erzeugnisse durch eigene Mitarbeiter unmittelbar ansprechen lassen. Sie stellen damit einen besonders markanten Fall jenes soeben erläuterten, die Absatzwirtschaft beherrschenden, langfristigen Trends dar, der darauf gerichtet ist, Dritte als Abnehmer der Ware auszuschalten.

Das Ziel der Unternehmungen des Direktvertriebs ist es also, vom Handel als Abnehmer unabhängig zu sein und zu bleiben, Ge- und Verbraucher selbst über ihre Produkte zu informieren, deren Vorteile darzustellen, die Interessenten eingehend zu beraten, unverfälscht und rasch die Reaktionen der Gesprächspartner auf neue Produkte und deren Eigenschaften zu erfahren, die ihnen als Grundlage einer Produkt-, Preis-, Kundendienst- und sonstigen Marketingpolitik dienen können, die an den Vorstellungen und Wünschen der Verbraucher ausgerichtet ist.

Hersteller, die in diesem Sinne den Direktvertrieb pflegen, stellen eine Kombination eines Produktions- und eines Einzelhandelsbetriebes dar. Als Einzelhändler unterhält ein solcher Betrieb, von gelegentlichen Ausnahmen abgesehen, keine offenen Verkaufsstellen. Er ähnelt damit in gewisser Weise dem Versandhandel. Die Geschäftsverbindungen zu den Konsumenten werden durch eigene Mitarbeiter im Außendienst aufgenommen und gepflegt. Dabei ist es durchaus möglich, daß zur Abrundung des Warenangebotes neben Erzeugnissen aus dem eigenen Produktionsbetrieb auch zugekaufte Artikel geführt werden, für die die gleiche Haftung gegenüber den Verbrauchern übernommen werden muß wie für die selbsterzeugten Waren.

Die hierzulande übliche Bezeichnung „Direktvertrieb" für diese Angebots- und Absatzform, mit der zum Ausdruck gebracht werden soll, daß der Verbraucher gewissermaßen aus erster Hand kaufen kann und daher besonders vorteilhaft bedient wird, ist zum Teil historisch zu erklären. Sie stammt aus einer Zeit, in der die absatzwirtschaftlichen oder Marketingbegriffe noch nicht mit hinreichender Genauigkeit gebraucht wurden. Die übergeordneten Begriffe für die Gesamtheit aller Bemühungen um den Markt sind heute Absatz, Absatzwirtschaft oder Marketing, die mit etwa gleicher Bedeutung verwandt werden und die die verschiedenen Bereiche wie Produkt-, Preis-, Kommunikations- (Werbe-)politik, nicht zuletzt die Distributionspolitik (Vertrieb) sowie Kredit-, Garantie- und Kundendienstpolitik umfassen. Vertrieb ist also nur ein Teilbereich der Absatzwirtschaft. Da die Unternehmungen, die sich dem sog. Direktvertrieb verschrieben haben, auf jedem der genannten Marketingbereiche tätig sind (und nicht nur im Vertriebswesen), würde es sich empfehlen, wie auch Paul W. *Meyer*[1] vorschlägt, von „Direktabsatz" (und nicht von „Direktvertrieb") zu sprechen. Doch soll — um Mißverständnisse zu vermeiden — an dem überkommenen Begriff festgehalten werden, da er für die hier behandelten Betriebe in der Fachwelt, in der Wirtschaftspolitik und in der Öffentlichkeit eingeführt ist.

Begriff und Wesen des Direktvertriebs werden noch deutlicher, wenn man der Verwandtschaft dieses Systems mit dem Versandhandel, die bereits angedeutet wurde, genauer nachgeht. Auch die Versandhäuser haben vor allem in ihrer Entstehungszeit hervorgehoben, daß sie „direkt" an Konsumenten (im Sinne von privaten Haushalten), d. h. unter Ausschaltung von Ladengeschäften, absetzen. Es handelte sich dabei nicht nur um Handelsbetriebe, sondern nicht selten auch um landwirtschaftliche Erzeuger und gewerbliche Hersteller, wie z. B. die Winzer, die ihre Weine an private Verbraucher verkaufen.

Zum weitaus größten Teil bedient sich aber der Versandhandel schriftlicher Angebotsformen (Kataloge, Preislisten, Prospekte u. ä.); zumindest ist er damit groß geworden. Um diese Sparte des Versandhandels zu kennzeichnen, hat sich der Begriff „Katalogversand" durch-

---

[1] Vgl. Paul W. *Meyer*, Die wirtschaftliche Bedeutung des Versandhandels, Freiburg/Br. 1979, S. 28.

gesetzt. Aber es gab seit jeher auch Versandgeschäfte, die Mitarbeiter im Außendienst einsetzten, um Beziehungen zu Kunden anzubahnen und zu pflegen. Für diese Betriebe bürgerte sich schon früh die Bezeichnung „Vertreterversand" ein. Sie sind mit den hier behandelten Direktvertriebsunternehmen identisch, und es war eigentlich eine Art Geschmacksfrage, ob sich diese Betriebe mehr der einen Gruppe, dem Versandhandel, oder mehr der anderen, dem Direktvertrieb, zugehörig fühlten. Was die Zugehörigkeit zu den Wirtschaftsverbänden angeht, so sind manche von ihnen auf beiden Seiten „verankert".

Inzwischen haben sich freilich die Verhältnisse durchgreifend gewandelt. Die Absatzsysteme des Katalogversands oder des schriftlichen Angebotes und des Vertreterversands oder des mündlichen Angebotes sind längst miteinander kombiniert worden und überschneiden sich in vielfältiger Weise:

Die schriftliche Werbung, die sog. Printmedien, ergänzt der Versandhandel schon seit langem durch das gesprochene Wort, durch menschliche Kontakte und persönlichen Rat, und zwar durch Errichtung von Agenturen, Verkaufsstellen der verschiedensten Art von Spezialgeschäften bis zu Warenhäusern, durch Sammelbesteller und Vertreter im Nebenberuf (V.i.N.), neuerdings durch verstärkte Heranziehung des Telefons und künftig der Telecommunication, wodurch den nur anonymen Kundenbeziehungen eine persönliche Note hinzugefügt und dadurch das Band fester geknüpft werden soll.

Welche Bedeutung in diesem Zusammenhange die Sammelbesteller haben, geht daraus hervor, daß bei dem größten deutschen Versandhaus, der „Quelle", gegenwärtig bereits 50 bis 60 v. H. des im Versandwege abgewickelten Umsatzes auf die Sammelbesteller entfällt, deren Zahl derzeit mit 1,2 Millionen angegeben wird. Dem Telefon als eine Gelegenheit zum Dialog und zum persönlichen Kontakt mit den Kunden wird im Versandhandel künftig wachsende Bedeutung zugeschrieben.

Abschließend ist festzuhalten, daß der Direktvertrieb mit dem Versandhandel eng verwandt und mit dem sog. Vertreterversand sogar identisch ist. Während sich der Katalogversand bemüht, persönliche Beziehungen zu seinen Kunden herzustellen und laufend zu verstärken, haben die Direktvertriebsunternehmungen — gewissermaßen umgekehrt — bisher nur in begrenztem Umfange unpersönliche Mittel der Kommunikation herangezogen; sie setzen vielmehr nach wie vor voll auf ihre angestammten Aktivitäten des menschlich-persönlichen Kontakts zur Kundengewinnung und Kundenpflege. Ob eine Ergänzung aus dem reich angefüllten Arsenal der Printmedien für sie nützlich sein könnte, erscheint zumindest der Prüfung wert.

Was leistet der „Direktvertrieb"?

In den vorangehenden Überlegungen wurden die spezifischen Leistungen des „Direktvertriebes" bereits kurz angesprochen. Er gibt Anbietern die Möglichkeit des unmittelbaren Kontaktes mit den Interessenten, also den Ge- und Verbrauchern, den Verwendern ihrer Erzeugnisse und sonstigen Leistungen, und die Chance des raschen Reagierens auf diese Informationen, die nicht über Dritte (über Händler oder die Marktforschung) gewonnen zu werden brauchen, sondern direkt von denen stammen, die diese Leistungen selbst verwerten. Ebenso erhalten Nachfrager auf diese Weise Erklärung und Beratung gewissermaßen aus erster Hand. Wie die Erfahrung lehrt, besteht daran heutzutage bei vielen Menschen, soweit es sich nicht um alltägliche Dinge handelt, die beispielsweise im Wege der Selbstbedienung abgesetzt werden können, ein fühlbarer Mangel, der weder durch die üblichen Verkaufsgespräche in Ladengeschäften, noch durch die Aussagen der gewiß hoch entwickelten Werbung, durch Verbraucherberatungsstellen oder auf andere Weise in ausreichendem Umfange gedeckt wird. Diese Informationen muß sich der Interessent häufig selbst etwa in seinem Bekanntenkreise verschaffen, wobei er hofft, z. B. bei sog. Meinungsführern zuverlässig und uneigennützig Rat zu finden. Mit anderen Worten — der Direktvertrieb schafft für den Konsumenten ähnliche Bedingungen der Information, ja der gesamten Beschaffung, wie sie im gewerblichen Bereich etwa bei Investitionsentscheidungen üblich sind, bei denen auch die Hersteller der fraglichen Güter und die Verwender in unmittelbare Verbindung zueinander treten und der Auftraggeber mit allen notwendigen, nachprüfbaren Angaben vom Lieferanten versehen wird.

Der Direktvertrieb bietet mithin den Anbietern die Chance, sich von fremden Händlern unabhängig zu machen, die Initiative z. B. bei der Einführung neuer Produkte selbst zu bestimmen. Er verschafft zudem, wenn es sich um geeignete Produkte handelt, Newcomern und Pionieren den Zugang zum Markt, wenn andere Wege verschlossen sind oder sich nur schwer öffnen lassen. Schließlich macht er es u. U. möglich, gegenüber scharfen Wettbewerbern dadurch standzuhalten, daß andere Wege gegangen und andere Mittel herangezogen werden als die Konkurrenz sie wählt. Für den Direktvertrieb besonders charakteristisch ist der Umstand, daß viel mehr Service (Beratung, Vorführung, Auswahl usw. im eigenen Heim des Interessenten) und dabei wichtige Informationen, also alles in allem viel mehr Bequemlichkeit geboten und mehr menschliche Kontakte als sonst im Geschäftsleben hergestellt werden. Solche Kontakte gab es früher zwischen Händler und Verbraucher viel mehr als heute. Sie sind zum guten Teile verloren gegangen. Sie dort, wo es angezeigt ist (z. B. bei großen Objekten und wichtigen Angelegenheiten) wiederherzustellen, gilt gegenwärtig auch in anderen Ländern, beispielsweise in USA, als nützlich.

Versucht man, über die spezifischen Leistungen des Direktvertriebs ein Urteil zu gewinnen, so erscheint die Tatsache bemerkenswert, daß das moderne Marketing infolge des wachsenden Wettbewerbs bemüht sein muß, alle absatzwirtschaftlichen Aktivitäten, wo immer möglich zu verstärken, also mehr zuverlässige und nachprüfbare Informationen zu liefern und zwar sowohl im Interesse der Nachfrager, die dieser Informationen für ihre Kaufentscheidungen dringend bedürfen, als auch im Interesse der Anbieter, die nur dann Aussicht haben, am Markt zum Zuge zu kommen, wenn sie selbst ausreichend unterrichtet sind — möglichst besser als ihre Konkurrenten.

Am Beispiel der neueren Entwicklung des Einzelhandels läßt sich der Sachverhalt, der hier angesprochen ist, recht gut verdeutlichen:

Wer die Entwicklung in den letzten Jahrzehnten, die oft als „Handelsrevolution" bezeichnet wird, aufmerksam verfolgt hat, weiß, daß sich die Güterwelt, mit der wir es zu tun haben, mehr und mehr in zwei Gruppen geteilt hat — in die *problemlosen*, weithin standardisierten Waren, die den Menschen bekannt und vertraut sind, und in die *problemvollen*, hochwertigen, neuartigen Erzeugnisse, bei deren Erwerb der Käufer Informationen erwartet, Beratung und sonstigen Kundendienst verlangt und bei deren Absatz der Verkäufer weiß, daß er diesen Anforderungen gerecht werden muß.

Die Selbstbedienung hat die Trennungsliste zwischen diesen beiden Warengruppen viel schärfer gezogen, als sie es zuvor war, wenngleich es zahlreiche Produkte gibt, die beiden Bereichen zugehören und aus

Gründen der Sortimentspolitik sowohl in den Betrieben des Massenbedarfs, also in Super- und Verbrauchermärkten, als auch im klassischen Fach- und Spezialgeschäft zu finden sind.

Die seit kurzem im Handel allerwärts zu beobachtende Politik des Trading up, d. h. des Überganges zu Waren höherer Qualität und Preislage, hat dazu geführt, daß auch Selbstbedienungsläden Waren dieser Art verstärkt in ihre Sortimente aufnehmen und dadurch die Trennungslinie, von der soeben die Rede war, in gewisser Weise aufgeweicht wird; doch kann es kein Zweifel sein, daß sie fortbesteht und eines der wichtigsten Strukturmerkmale unserer gegenwärtigen und wohl auch künftigen „Handelslandschaft" darstellt.

Die verstärkte Nachfrage der Konsumenten nach Waren höherer Qualität, die einer der Anlässe für die Politik des Trading up ist, erklärt sich durch wachsende Einkommen und wachsenden Wohlstand breiter Schichten, durch die fortgeschrittene Deckung des Grundbedarfs der Haushaltungen und das Streben nach der Verwirklichung individueller Wünsche und individueller Lebenshaltung, nach der Befriedigung von Prestigebedürfnissen, der Betonung des eigenen Image u. dgl. mehr.

Dieser Nachfragetrend, der in neuer Zeit an Deutlichkeit zugenommen hat, hat zu einer „Renaissance" der Fach- und Spezialgeschäfte geführt; er hat z. B. die innerstädtischen (konventionellen) Warenhäuser vor die Frage gestellt, wie sie sich selbst verstehen und wo sie die meisten Chancen für sich sehen, eine Frage, die zunächst zugunsten des Trading up entschieden worden ist.

Ob und inwieweit diese Entwicklung der Verbrauchernachfrage durch stark erhöhte Aufwendungen zur Deckung des Energiebedarfs sowie durch künftige Inflationsschübe in ihr Gegenteil verkehrt wird und sich damit die Einkommens- und Vermögensverhältnisse sowie die Beurteilung der Zukunftsaussichten verschlechtern würden, kann hier dahingestellt bleiben, zumal dadurch eine Verstärkung der absatzpolitischen Anstrengungen ebenso notwendig werden würde wie durch die anhaltende oder zunehmende Schärfe des Wettbewerbs.

Für unser Anliegen — die Untersuchung des Direktvertriebes und seiner Stellung im Distributionswesen — ist aus diesen Überlegungen abzuleiten, daß die charakteristische Leistung dieses Systems, nämlich die direkte Ansprache der Verbraucher für den Absatz problemvoller Waren, die Information, Beratung und viel sonstigen Service zur Erschließung und Ausweitung der Märkte sowie zur Überwindung von Marktwiderständen und Sättigungserscheinungen erfordert, außerordentlich aktuell ist. Nachfrager suchen diesen Kontakt und Anbieter wissen, daß sie diesen Bedürfnissen und Wünschen entgegenkommen müssen, wenn sie am Markt erfolgreich operieren wollen.

Der Direktvertrieb kann sich also gewissermaßen als Vorreiter einer Entwicklung von Verbraucherwünschen sehen, deren Bedeutung möglicherweise künftig noch zunehmen wird.

Faßt man diese Überlegungen noch einmal kurz zusammen, so ist festzuhalten:

1. Wendet sich die Nachfrage der Verbraucher in verstärktem Maße Produkten höherer Qualität und höheren Wertes zu, Erzeugnissen des individuellen Bedarfs und individueller Lebensführung, neuen, technisch komplizierten und ähnlichen Erzeugnissen, die zumeist den Interessenten erklärt werden müssen oder bei denen sich Erklärung, Beratung, Vorführung u. dgl. empfehlen, so wachsen damit die Chancen für den Direktvertrieb. U. U. kann diesen Produkten über eine Vielzahl individueller Beratungen größere Bekanntheit verschafft und auf weite Sicht vielleicht sogar ein Massenmarkt aufgebaut werden, was als eine absatzwirtschaftliche Pionierleistung angesehen werden könnte.

2. Als mindestens ebenso wichtig erscheint es aber, daß auf zahlreichen Märkten für Güter und andere Leistungen dieser Art Sättigungserscheinungen zu beobachten sind. Diese machen eine Verstärkung der absatzwirtschaftlichen Anstrengungen, also einen vermehrten Einsatz der Marketinginstrumente, darunter auch die unmittelbare persönliche Ansprache der Interessenten und auch mehr Bequemlichkeit bei der Vorbereitung der Kaufentscheidung, notwendig oder lassen sie zumindest als empfehlenswert erscheinen.

Wie im folgenden Kapitel dargelegt wird, wird von der persönlichen Ansprache der Interessenten bereits heute viel mehr Gebrauch gemacht, als häufig selbst Fachleuten bewußt ist.

Wer bedient sich des „Direktvertriebs"?

Der Direktvertrieb ist viel weiter verbreitet als üblicherweise angenommen wird. Wie gezeigt wurde, handelt es sich um ein System, bei dem die Anbieter von Gütern und anderen Leistungen unmittelbaren (menschlichen) Kontakt zu den Interessenten, den Verwendern, Gebrauchern und Verbrauchern, mit einem Wort: zu den Konsumenten (im Sinne von privaten Haushaltungen) herzustellen bemüht sind, ohne sich irgendwelcher Zwischenglieder zu bedienen. Dieses System wird u. a. deswegen gewählt, weil auf diesem Wege rasch und zuverlässig wichtige Informationen über den Markt aus erster Hand gewonnen werden können.

So vielgestaltig die Palette von Gütern und anderen Leistungen auch ist, bei deren Absatz man sich dieses Weges bedient, so zeichnen sich diese doch durch einen *gemeinsamen Nenner* aus:

Es handelt sich mit wenigen Ausnahmen um Bereiche, die vom Standpunkt des Interessenten und des Erwerbers als problemvoll zu bezeichnen sind, weil

a) sie unbekannt oder nur wenig bekannt sind und erklärt werden müssen,

b) das individuelle Gespräch dafür besser geeignet ist als andere Medien und es auf diese Weise gut möglich ist, auf Gegenargumente, spezielle Fragen, Wünsche und individuelle Erfordernisse einzugehen, Widerstände abzubauen und Mißtrauen zu überwinden,

c) es sich dabei in aller Regel um Entscheidungen handelt, die eine Bindung auf sehr lange Sicht bedeuten, wozu sich die Menschen üblicherweise nur nach reiflicher Abwägung aller Argumente bereit finden. Man möchte Rückfragen stellen und Zweifel klären. Dafür sind Gespräche, Vorführungen, Prüfungen an Ort und Stelle besonders gut geeignet.

Dies sind die wesentlichen, ja man kann sagen die entscheidenden Kennzeichen für die typischen Güter und sonstigen Leistungen die im Wege des Direktvertriebs erbracht werden.

So lassen vor allem *Versicherungsgesellschaften* aller Sparten die Interessenten aufsuchen, um diese beim Abschluß oft lebenslang gültiger Verträge zu beraten und sie überdies als Dauerkunden zu gewinnen. Ihren Mitarbeiterstab im Außendienst, die sog. Organisation, bezeichnen sie selbst als ihr „wertvollstes Kapital".

Bausparkassen verfahren bei der Kundengewinnung in ähnlicher Weise. Oft arbeiten Versicherungsvertreter auch für Bausparkassen.

Diese persönliche Form des Angebots hat vor allem im Ausland auf weitere Bereiche der *Vermögensanlage*, des *Wertpapierabsatzes* u. dgl. übergegriffen, um Kunden zu gewinnen, die moderneren Formen der Anlage von Ersparnissen fernstehen oder von den traditionellen Angebotsweisen nicht erreicht werden, ja ihnen mit Skepsis und Mißtrauen begegnen.

Kraftfahrzeugverkäufer holen ihre Interessenten zu Probefahrten zu Hause ab und führen Verkaufsgespräche in der Wohnung. Hier sind es allerdings nicht die Hersteller, die in dieser Weise aktiv werden, sondern deren Vertragshändler.

H a u s h a l t s g r o ß g e r ä t e werden im Wege des Direktvertriebs angeboten. Man will sie den Interessenten in der Wohnung vorführen, ihre Wirkungsweise erklären und ihre Vorzüge deutlich machen. Garantiearbeiten und Kundendienstleistungen werden unter Einsatz von Kraftfahrzeugen mit allen dafür notwendigen Einrichtungen, Ersatzteilen u. dgl. gleichfalls beim Kunden durchgeführt.

Das gleiche gilt für ganze *Küchenabrichtungen* und andere Gegenstände und Anlagen, die nach den örtlichen Gegebenheiten gefertigt werden müssen, und der Altbausanierung oder der Energie-Einsparung dienen.

Auch *Teppiche* — typisch für „große Objekte" — werden oft von Fachgeschäften in der Wohnung vorgelegt, um ihre Wirkung auf die Umgebung prüfen zu können.

Die Erschließung des Marktes für *Lexika* — die Lieferung der einzelnen Bände zieht sich bei dem Umfang der Drucklegungsarbeiten oft über Jahre hin — und ähnliche umfangreiche und kostspielige Werke bedürfen nach aller Erfahrung der persönlichen Ansprache von Interessenten als wichtige Ergänzung der sonstigen absatzpolitischen Anstrengungen. Für viele Objekte dieser Art ist der Direktvertrieb entscheidend. Ohne dessen Verkaufserfolge könnten sie nicht verlegt werden.

Kosmetikhersteller lassen Verbraucherinnen aufsuchen, die auf andere Weise (wegen der sog. Klinken- oder Schwellenangst) kaum als Abnehmer zu gewinnen wären. Die individuelle Beratung durch Mitarbeiterinnen, die von den Umworbenen als ihresgleichen betrachtet werden, hat ihnen eine erstaunliche Vielzahl von Dauerkunden zugeführt.

Der Zustelldienst (Hausbelieferung), den viele kleine und mittelgroße *Brauereien* mit großem Erfolg eingerichtet haben, ist in hohem Grade eine Folge des scharfen Wettbewerbs am Bier- und Getränkemarkt. Die zusätzlichen Leistungen (regelmäßige Belieferung mit den schweren und unhandlichen Getränkekästen und deren Abholung, evtl. auch Kreditierung der Lieferungen) werden von den Haushaltungen nicht nur als überaus nützlich empfunden, sondern es ist auf diese Weise auch gelungen, lokale Märkte zu schaffen und damit den Markt insgesamt zu erweitern, die Härte des Wettbewerbs zwischen Anbietern verschiedener Größe zu mildern und die Überlebenschancen gerade der kleinen Brauereien und Getränkehersteller und -handlungen zu verbessern.

Viele *Winzer* setzen ihre Erzeugnisse im Wege des Direktvertriebs an letzte Verbraucher ab, um vom Handel unabhängig zu sein. Die Kontakte zu den Kunden werden häufig durch Weinproben (an verschiedenen Orten) und durch Hausbesuche von Mitarbeitern im Außendienst hergestellt und gefestigt. Allerdings müssen sich die Winzer um die Gewinnung von Stammkunden bemühen, die vergleichsweise große Mengen bestellen. Sowohl die Gewinnung (Werbung) neuer Kunden als auch der Versand kleiner Mengen sind zu kostspielig, als daß Strategie und Taktik dieser Betriebe auf andere Ziele gerichtet sein könnten. Die Zufriedenheit der Kunden mit der Leistung des Lieferanten und das Vertrauen in die Redlichkeit seines Geschäftsgebarens sind auch in dieser Branche des Direktvertriebs unabdingbare Voraussetzungen für die Regelmäßigkeit des Bestellungseingangs und für die Weiterempfehlung des Anbieters durch die Abnehmer in deren Bekanntenkreise, was sich ebenso wie sonst im Versandhandel als ein überaus wichtiges Mittel zur Gewinnung neuer Kunden erwiesen hat.

Daß der direkten Ansprache und den persönlichen Kontakten zu den Interessenten und Kunden und damit auch dem Angebot in der Wohnung der Verbraucher auch unter den heutigen Bedingungen, die durch eine Reaktion auf die zunehmende Anonymität der geschäftlichen Beziehungen charakterisiert sind, tatsächlich so große Bedeutung zukommt, wie hier herauszuarbeiten versucht wird, zeigt sich am *Versandhandel*, der — wie bereits an anderer Stelle dargelegt — in den letzten Jahrzehnten neben das schriftliche Angebot (durch Kataloge und andere Medien) in wachsendem Maße das mündliche Angebot durch Sammelbesteller und Vertreter im Nebenberuf (V. i. N.) gestellt hat. Der Grund für diese Maßnahme war die Erkenntnis, daß das schriftliche Angebot bei vielen Verbrauchern allein nicht ausreicht, um das Mißtrauen gegen eine Bestellung von Waren, die man nicht in Augenschein nehmen und prüfen kann, zu überwinden, und daß es einer wirksamen Maßnahme bedurfte, um bestehende Kundenbeziehungen zu festigen.

Daher empfahl es sich, zumal in einer Zeit wachsenden Wettbewerbs, in der die Anbieter alle absatzpolitischen Register ziehen müssen, ein persönliches Band zu den Kunden zu knüpfen, menschliche Beziehungen herzustellen, also eine Mittelsperson einzuschalten, die bei der Bestellung hilft, Erklärungen gibt und an die sich die Besteller in Zweifelsfällen halten können.

Überdies strebt man durch die Beratung der Kunden, die die Sammelbesteller und Vertreter im Nebenberuf ausüben, auch eine Erhöhung der Größe und des Wertes der Bestellungen (mithin des Umsatzes je Kunde) an und legt großen Wert auf Gewinnung und Erhaltung einer hohen Zahl von Stammkunden. Schließlich führte wohl auch die bei manchen Unternehmungen schon frühzeitig beginnende Politik des Trading up zu der Überlegung, daß sich mit Hilfe persönlicher Kundenkontakte mehr Informationen übermitteln lassen als ein noch so aussagefähiger Katalog zu liefern vermag.

Der *gemeinsame Nenner,* von dem die Rede war, kehrt in allen diesen Fällen — so verschieden sie im einzelnen auch sind — wieder. Es handelt sich durchweg um Entscheidungen, die für die angesprochenen Verbrauchergruppen nicht einfach zu bewältigen sind, bei denen es Hemmungen aller Art zu überwinden gilt und bei denen oft lange Überlegungen die Entscheidung zum Vertragsabschluß reifen lassen, wie bei den Entscheidungen, die eine lange (finanzielle) Bindung der Betroffenen zur Folge haben, bei „großen" Objekten und anderen Fällen, bei denen der Verbraucher die individuelle Beratung benötigt oder zumindest schätzt. In diesem Bereich liegen — um es abschließend zusammenzufassen — die spezifischen Möglichkeiten des Direktvertriebs, der das Distributionssystem zu ergänzen und abzurunden vermag — und dies in einer Zeit, in der menschliche Kontakte auch im Geschäftsleben offenbar wieder mehr geschätzt werden.

Die Anonymität und Kontaktlosigkeit wird beim Absatz problemloser, standardisierter Waren von den Verbrauchern hingenommen, sogar begrüßt oder als durchaus positiv empfunden und im Wege der Selbstauswahl und Selbstbedienung mit größtem Erfolg praktiziert. Das trifft jedoch nicht für problemvolle Erzeugnisse zu, deren Absatz auch im Hinblick auf die Verschiedenheit der Verbraucheransprüche intensive Bemühungen erforderlich macht.

Überdies zwingt nicht nur die Einführung neuer Produkte, sondern auch die sich abzeichnende Sättigung zahlreicher Märkte die Anbieter dazu, nicht zu warten, bis Printmedien ihre Wirkung tun und die Verbraucher die Initiative zum Kauf ergreifen, sondern selbst das Angebot an Interessenten heranzutragen.

Wie ist der unbestellte Vertreterbesuch zu beurteilen?

Gegen den Direktvertrieb wird vielfach geltend gemacht, daß er auf dem unbestellten Vertreterbesuch beruhe, jedenfalls kaum bereit sei, darauf zu verzichten.

Mit dieser Frage hat sich kürzlich Jürgen *Schade* in einer Untersuchung des Max-Planck-Instituts für ausländisches und internationales Patent-, Urheber- und Wettbewerbsrecht „Geschäfte an der Haustür durch unbestellte Vertreter"[2] eingehend auseinandergesetzt, und es erscheint angebracht, an die Aussagen dieser aktuellen Publikation anzuknüpfen. Beim Direktvertrieb geht es allerdings nicht um „Geschäfte an der Haustür", wie sie für Hausierer typisch sind, die im Gegensatz zu den Mitarbeitern der Direktvertriebsunternehmungen diejenigen Waren mit sich führen, die sie verkaufen wollen, sondern um Angebote, Vorführungen und Auftragserteilungen „in der Wohnung". (Der Autor zielt aber auf den Direktvertrieb und insofern ist der Titel der Schrift nicht unpolemisch.)

Gegen den Direktvertrieb erhebt *Schade* drei Einwendungen[3]:

1. dem Umworbenen und Besteller fehle die notwendige Überlegungsfrist;
2. es handele sich in vielen Fällen um eine anreißerische Belästigung;
3. die Entscheidungsfreiheit der auf diese Weise angesprochenen und umworbenen Menschen sei beeinträchtigt.

Der erste und der dritte Vorwurf sagen etwa dasselbe aus, zumindest überschneiden sie sich in hohem Grade; denn die Entscheidungsfreiheit wird vor allem dadurch beeinträchtigt, daß die Überlegungsfrist fehlt oder zu knapp bemessen ist, wenngleich man dagegen einwenden könnte, daß sich der Umworbene Bedenkzeit ausbedingen und den Vertreter auf einen späteren Besuch verweisen kann. Überdies hat der

---

[2] Köln, Berlin, Bonn, München 1978.
[3] *Schade*, S. 1 und 2.

Gesetzgeber dem Käufer bei Teilzahlungsgeschäften das Recht eingeräumt, innerhalb einer Woche ohne Angabe von Gründen die Bestellung zu widerrufen, wenn er bei nachträglicher reiflicher Überlegung den Kauf bereut — ein Recht, das auf andere (Bar-)Geschäfte in der Wohnung ausgedehnt werden soll. Dabei wird unterstellt, daß Verkaufsgespräche von Mitarbeitern der Direktvertriebsunternehmungen oft in besonders eindringlicher Weise geführt werden, durch die sich die Umworbenen bedrängt fühlen — eine Situation, der sicherlich manche der Betroffenen durch rasche und überstürzte Bestellung ein Ende bereiten wollen.

Um Vorwürfe dieser Art aus der Welt zu schaffen, sichert eine Reihe von Direktvertriebsfirmen[4] ihren Kunden schon seit längerem aus freien Stücken das Widerrufsrecht innerhalb einer Woche bei *allen* Verträgen zu. Was der Gesetzgeber für die Zukunft zu verordnen beabsichtigt, wird also von diesen Unternehmungen bereits seit längerem praktiziert. Es kommt ihnen also nicht darauf an, unter allen Umständen und mit allen Mitteln Geschäfte abzuschließen, sondern durch entgegenkommendes Verhalten ein angenehmes Klima zu den Kunden (und darüber hinaus) herzustellen und ihr Image in der Öffentlichkeit zu pflegen. Diese Betriebe wissen, daß sie Dauer-(Stamm-)Kunden gewinnen müssen und daß sich das Geschäft für sie wesentlich erleichtert, wenn die Vorstellungen des Publikums ihnen gegenüber positiv sind, wenn sie damit rechnen können, daß sie von ihren Kunden in deren Bekanntenkreise weiterempfohlen werden und dadurch Mißtrauen abgebaut wird. Es ist jedenfalls hinreichend bekannt, daß Kundenzufriedenheit und Weiterempfehlung entscheidende Erfolgsgrundlagen gerade für Direktvertriebsunternehmungen, ja den gesamten Versandhandel sind.

Zu den — eingangs angeschnittenen — Einwendungen gegen den Direktvertrieb ist noch geltend zu machen, daß es aggressive Verkaufsmethoden nicht nur dort, sondern allerwärts gibt. Auch in Ladengeschäften kann ein Konsument zu einem Kauf überredet werden, mit dem er hinterher nicht zufrieden ist. Allerdings hat er in diesem Falle nicht die Möglichkeit, den Kauf ohne Angabe von Gründen durch ein-

---

[4] So z. B. alle Mitglieder des Arbeitskreises „Gut beraten — zu Hause gekauft".

seitige Erklärung rückgängig zu machen, es sei denn, es handele sich um ein Abzahlungsgeschäft. In anderen Fällen ist ein Umtausch möglich (evtl. im Wege eines Gutscheins, der bei einem späteren Kauf in Zahlung genommen wird).

Schließlich ist in diesem Zusammenhang auch an die Impulskäufe zu erinnern. Durch geschickte Warenpräsentation soll die rasche Kaufentscheidung gefördert werden. Man könnte gegen diese uralten, allgemein üblichen und völlig legitimen Bemühungen des Handels gleichfalls den Einwand erheben, es solle eine Art psychologischen Kaufzwangs ausgeübt, also eine ähnliche Situation geschaffen werden, wie sie bei Geschäftsabschlüssen in der Wohnung von den Kritikern unterstellt wird und in der Realität sicherlich auch vorkommt.

Dem zweiten, eingangs wiedergegebenen Argument von *Schade*, in dem von anreißerischer Belästigung durch Mitarbeiter der Direktvertriebsfirmen gesprochen wird, könnte man entgegenhalten, daß sich niemand auf ein Verkaufsgespräch an der Haustür oder in der Wohnung einzulassen braucht, der dies ablehnt. Es läßt sich auf Grund der Ergebnisse der demoskopischen Untersuchungen über den Direktvertrieb, die in neuer Zeit durchgeführt worden sind, nicht bestreiten, daß Besuche, Angebote und Verkaufsgespräche dieser Art von vielen Menschen abgelehnt, als störend, aufdringlich und belästigend empfunden werden und daß sich zudem viele Menschen gegen ein aggressives Vorgehen eines Anbieters nicht genügend zu wehren verstehen[5]. Es wäre sicherlich eine dankenswerte Aufgabe der Verbraucher beratenden Institutionen und anderer geeigneter Stellen alle diejenigen, die mit der Bestellung im nachhinein nicht einverstanden sind, mit der Möglichkeit des Widerrufs hinreichend vertraut zu machen.

Es kann nicht Sache der Überlegungen sein, denen hier nachgegangen wird, Tricks und anderen unlauteren Machenschaften, die im Direktvertriebswesen zu finden sind, nachzugehen oder ihnen gar eine Art „Persil-Schein" auszustellen. Untragbar erscheinenden Mißständen zu begegnen, ist sowohl Sache des Gesetzgebers, der bereits — wie ausgeführt wurde — unzufriedenen Käufern bei Abzahlungsgeschäften

---

[5] Vgl. Jürgen *Schade*, S. 34 ff.; ferner: Der Direktvertrieb im Meinungsbild der Bevölkerung, Sonderauswertung von Marktforschungs-Untersuchungen im internationalen Vergleich, als Manuskript vervielfältigt, April 1979.

das Recht des Widerrufs vom Kaufvertrage eingeräumt hat und im Begriffe ist, dieses Recht auszudehnen, als auch Sache der Gerichte.

Sodann ist es eine der wichtigsten Aufgaben der am Direktvertrieb beteiligten Unternehmungen, auf ihre Mitarbeiter dahin einzuwirken, daß sie im eigenen Interesse seriös arbeiten, so daß Mißstände bei der Akquisition vermieden werden. Dies ist Aufgabe der Auswahl, der Schulung und der laufenden Selektion der Mitarbeiter im Außendienst.

Es bedarf übrigens noch der Untersuchung, ob Tricks und andere unerfreuliche oder verwerfliche Handlungsweisen im Direktvertrieb häufiger vorkommen als sonst im Geschäftsleben. Doch soll auch mit dieser Bemerkung unter keinen Umständen der Versuch gemacht werden, Mißstände zu bagatellisieren oder gar abzustreiten.

Aus den erwähnten demoskopischen Untersuchungen ergibt sich, daß das System des Direktvertriebs gegenwärtig von einer zwar nicht allzu großen, aber durchaus respektablen Gruppe von Menschen positiv beurteilt und geschätzt wird. In der Bevölkerung bestehen Vorbehalte, die aber, wie die Untersuchungen zeigen[6], rasch abgebaut werden, sobald die Menschen Erfahrungen gemacht und die Vorteile dieser Angebots- und Einkaufsweise kennengelernt haben, die in den vorangehenden Kapiteln behandelt wurden.

Das Institut für Demoskopie, Allensbach, hat 1972 im Auftrag eines großen, sehr bekannten Mitgliedes des Arbeitskreises „Gut beraten — zu Hause gekauft" das Image des Direktvertriebs ermittelt und dabei Personen befragt, die dieses Unternehmen dem Namen nach kannten. Es ergab sich dabei, daß 30 v. H. den Verkauf in der Wohnung begrüßten.

---

[6] Vgl.: Der Direktvertrieb im Meinungsbild, S. 27 und 28.

Frage: „Begrüßen Sie persönlich in einem Fall wie der Firma X den Verkauf in der Wohnung oder finden Sie das nicht gut?"

in v. H.	insgesamt	Männer	Frauen
Es begrüßen den Verkauf in der Wohnung	30	27	32
Es finden den Verkauf in der Wohnung nicht gut	55	55	55
Unentschieden, kommt darauf an	15	18	13
insgesamt	100	100	100

Das Urteil ändert sich aber, wie bereits angedeutet, erheblich, sobald zwischen Personen unterschieden wird, die bereits Kunden der Firma X sind, und solchen, die noch nichts von ihr bezogen haben, wie die folgende Übersicht ausweist:

in v. H.	Es haben von der Firma X		noch keinen Artikel bezogen
	schon Artikel bezogen		
	öfter	einmal	
Es begrüßen den Verkauf in der Wohnung	50	40	21
Es finden den Verkauf in der Wohnung nicht gut	36	44	65
Unentschieden, kommt darauf an	14	16	14
insgesamt	100	100	100

Wer bereits als Kunde gewonnen worden ist, beurteilt den Direktvertrieb viel positiver als die anderen. Das gilt vor allem für diejenigen, die schon öfter gekauft haben. Immerhin sind auch in diesem Fall noch 50 v. H. der Befragten kritisch oder ablehnend eingestellt. (Freilich ist zu bedenken, daß sich wahrscheinlich andere Werte ergeben hätten, wenn man die Befragung am Beispiel eines anderen Unternehmens durchgeführt hätte.)

Dennoch wird man aus diesen Ergebnissen die Folgerung zu ziehen haben, daß sich mit der Methode des Direktvertriebs *eine bestimmte Gruppe von Menschen* ansprechen läßt (aber nicht jedermann). Der gleiche Schluß ergab sich übrigens auch bei der vorstehenden Analyse der Produkte und sonstigen Leistungen, die im Wege des Direktvertriebs abgesetzt werden. Es sind *bestimmte Produkte und sonstige Leistungen* für diesen Absatzweg geeignet.

Sodann ergibt sich aus den Imagestudien zum Direktvertrieb, daß der unbestellte Besuch von Vertretern in der Wohnung — nur um diesen geht es zunächst — dann von vielen Menschen als lästig und unangenehm empfunden wird, wenn die fraglichen Außendienstmitarbeiter und gar die vertretenen Firmen den Besuchten unbekannt sind.

Sobald aber das Eis gebrochen ist, ein Kontakt zustande gekommen ist und günstige Erfahrungen mit dieser Einkaufsweise gemacht worden sind, wendet sich das Blatt:

Von den Befragten wird der unbestellte Vertreterbesuch *generell* zwar noch immer abgelehnt, im *speziellen* Fall jedoch durchaus positiv beurteilt.

Offenbar ist es sowohl die Unbekanntheit der Angebotsweise, des fraglichen Unternehmens als auch die Fremdheit des Außendienstmitarbeiters, mit dem man es zu tun hat, die die meisten Menschen zu der Ablehnung veranlaßt. Ist aber diese Scheu überwunden, so ändert sich zwar nicht die *generelle* Einstellung; der *konkrete Fall*, mit dem man es selbst zu tun hat, wird aber nicht mehr als dem Direktvertrieb zugehörig angesehen, ohne daß man zu sagen wüßte, worum es sich denn sonst handele.

Aus diesem typischen Wechsel der Einstellung zum Direktvertrieb ist u. a. zu folgern, daß die Ergebnisse der Image-Untersuchungen mit Vorsicht und mit viel Sachkenntnis interpretiert werden müssen. Für die Direktvertriebsunternehmungen drängt sich daraus eine wichtige Frage auf:

Wer die Interessenten und Kunden nur selten aufsucht, weil die fraglichen Produkte nur in größeren Zeitabständen angeschafft bzw. erneuert werden (z. B. langlebige Gebrauchsgüter von hoher Qualität), hat es ungleich schwerer als jene Anbieter, deren Erzeugnisse in kurzen Kaufrhythmen erworben zu werden pflegen.

Im ersten Fall ist es so gut wie unmöglich, Kontakte anzuknüpfen, die ein Stammkundenverhältnis begründen helfen, es sei denn, solche Beziehungen kommen durch einen zuverlässig arbeitenden Kundendienst, z. B. für technische Geräte, zustande.

Anders verhält es sich im zweiten Fall: Der Außendienstmitarbeiter erscheint öfter, so daß Anbieter und Kunde allmählich miteinander bekannt werden.

Nur der ausgezeichnete Ruf eines Unternehmens, die Qualität und Preiswürdigkeit der Produkte, die Leistungen des Kundendienstes und nicht zuletzt das korrekte Auftreten aller Außendienstmitarbeiter vermögen es, die offenbaren Nachteile des Absatzes langlebiger Erzeugnisse und anderer Leistungen im Direktvertrieb auszugleichen.

Ein Weg zum Ausgleich oder Milderung dieser Nachteile, der geprüft zu werden verdient, wäre eine Diversifizierung des Angebotes, die öftere Kundenbesuche erforderlich machen oder doch sinnvoll erscheinen lassen und vielleicht sogar zu häufigeren Weiterempfehlungen führen würde, als sie bei seltenen Kontakten mit den Kunden zustande kommen können.

Dennoch ist nicht von der Hand zu weisen, daß viele Menschen dem Kauf in der Wohnung ablehnend oder kritisch gegenüberstehen, daß aber gute Erfahrungen zu einer Änderung dieses Urteils führen. Solange der Außendienstmitarbeiter fremd und unbekannt ist, ist die ablehnende Haltung besonders stark ausgeprägt. An dieser Stelle sollten absatzpolitische und speziell werbliche Maßnahmen ansetzen.

Die Richtigkeit dieser Überlegung, wonach die Fremdheit und Unbekanntheit der fraglichen Personen eine besondere wichtige Ursache für die weitverbreitete Abneigung gegen unbestellte Vertreterbesuche ist, wird gewissermaßen indirekt durch den Erfolg der Versandhäuser mit dem Einsatz von Sammelbestellern und Vertretern im Nebenberuf (V. i. N.) bestätigt. Dabei hat man von Klagen der genannten Art nichts gehört; denn in ihren Betrieben und in den Wohnbereichen, in denen Sammelbesteller und Vertreter im Nebenberuf akquirierend tätig sind, sind diese in der Regel seit langem gut bekannt und genießen für ihre nebenberufliche Arbeit in ihrer Umgebung ein hinreichendes Maß an Vertrauen. Sie haben also nicht jene psychologischen und sonstigen Hemmnisse zu überwinden, vor denen Außendienstmitarbeiter von Direktvertriebsunternehmen stehen, wenn sie als Unbekannte Interessenten ansprechen und ihnen ein Angebot in der Wohnung unterbreiten wollen — vor allem dann, wenn von dem Charakter des Angebotes her (z. B. langlebige Gebrauchsgüter) nur wenig Gelegenheit besteht, die Besuche zu wiederholen und die Bekanntschaft mit den Interessenten und Kunden zu pflegen.

Was kostet der „Direktvertrieb"?

Häufig wird vermutet, daß der Direktvertrieb ein besonders kostspieliger Weg zum Konsumenten sei. Aber schon eine einfache Überlegung zeigt, daß dies nicht der Fall sein kann. In einem auf Wettbewerb beruhenden Wirtschaftssystem, in dem das Warenangebot (von Ausnahmen abgesehen) stets größer zu sein pflegt als die Nachfrage, in dem also die Anbieter ständig bemüht sind, sich den Kaufinteressenten gegenüber zu überbieten, hätte der Markt längst sein Urteil über Marktteilnehmer gesprochen, die mit höheren Kosten arbeiten als ihre Konkurrenten und damit (bei gleicher Qualität der Leistung) höhere Preise fordern.

Zumeist gehen die Kritiker von der Höhe des Entgelts aus, das die Mitarbeiter des Außendienstes der Direktvertriebsunternehmungen erhalten, und von der verhältnismäßig geringen Ergiebigkeit ihrer Arbeit. Jene müssen im allgemeinen eine Reihe von Besuchen machen und oft viele Verkaufsgespräche bei Interessenten führen, bevor sie mit einem Vertragsabschluß zum Zuge kommen. Diese Überlegungen sind zweifellos richtig. Daher wurde in der vorangehenden Analyse des Direktvertriebswesens häufig auf die Bedeutung der Gewinnung von Stammkunden und der Weiterempfehlung der Bezugsquelle hingewiesen, wodurch die akquisitorischen Bemühungen der Außendienstmitarbeiter erleichtert und ergiebiger werden.

Was aber bei der Kritik an der Höhe der Entgelte für den Außendienst des Direktvertriebs fast regelmäßig übersehen wird, ist der Umstand, daß der Absatz der fraglichen Produkte auf anderen Wegen, vor allem über den Großhandel und die Ladengeschäfte, ebenfalls hohe Kosten verursacht und die hinreichende Nutzung der eingesetzten produktiven Faktoren, insbesondere von Mensch und Raum, ein sehr ernstes Problem darstellt, das trotz aller Bemühungen um Rationalisierung und Produktivitätssteigerung noch keineswegs voll gelöst ist.

Den in den fünfziger Jahren vom Institut für Handelsforschung an der Universität zu Köln durchgeführten Untersuchungen über die Distributionswege und -kosten von Konsumwaren ist die folgende Übersicht entnommen, die für eine Reihe ausgewählter Erzeugnisse zeigt, wieviel von dem Preis, den der Verbraucher zu zahlen hat, auf die Produktion einerseits und auf die Distribution andererseits entfällt. Dabei sind alle Aufwendungen des Herstellers für Zwecke der Distribution (vom Fertigwarenlager des Herstellers an gerechnet), die Großhandels- und die Einzelhandelsspanne zusammengenommen dem Distributionsbereich zugeordnet worden.

Es zeigt sich, daß bei Erzeugnissen, die etwa mit denen in Vergleich gesetzt werden können, die die Direktvertriebsunternehmen führen, etwa die Hälfte des Verbraucherpreises auf die Distributionserfordernisse entfällt, vereinzelt etwas weniger, zumeist aber mehr.

Dabei dürfte sich seit der Untersuchungszeit — den fünfziger Jahren — an diesen Verhältnissen nicht viel geändert haben. Möglicherweise hat die Härte des Wettbewerbs die Distributionsanstrengungen und damit den Distributionsanteil am Verbraucherpreis noch ansteigen lassen. Doch ist es auch denkbar, daß der Wettbewerb die umgekehrte, also eine rationalisierende Wirkung gehabt hat.

Bei einem Vergleich der hier wiedergegebenen Daten mit den betriebswirtschaftlichen Eigenheiten der Direktvertriebsunternehmungen ist zweierlei zu bedenken:

1. Die Distributionskosten sind beim Direktvertrieb nicht auf drei Stufen — Hersteller, Großhandel und Einzelhandel — verteilt, sondern fallen (gewissermaßen zusammengefaßt) an *einer* Stelle an.

2. Die Distributionskosten setzen sich im Falle des Direktvertriebs völlig anders zusammen als bei der Wahl anderer Absatzwege. Ein beachtlicher Teil entfällt in der Tat auf das Entgelt der Außendienstmitarbeiter und die sonstigen Kosten, die deren Arbeit erfordert (Reisen, Kraftfahrzeug).

Gliederung des Konsumentenkaufpreises in Produktionskosten
und Distributionskosten bei ausgewählten Erzeugnissen

Artikelgruppen	Jahr	Vom Konsumentenkaufpreis entfallen in v. H. auf	
		Produktionskosten	Distributionskosten
Elektrogeräte	1952	50,4	49,6
Rundfunk- und Fernsehgeräte	1956	51,9	48,1
Kühlschränke	1952	58,3	41,7
Waschmaschinen	1952	58,7	41,3
Nichtelektrische Haushaltsmaschinen	1952	49,8	50,2
Optische und feinmechanische Erzeugnisse	1956	46,1	53,9
Musikinstrumente	1956	45,9	54,1
Schmuck- und Silberwaren ..	1956	42,5	57,5
Bücher	1956	44,3	55,7
Körperpflegemittel	1956	35,2	64,8

Quelle: Wege und Kosten der Distribution der industriell gefertigten Konsumwaren. Schriften zur Handelsforschung, Nr. 30, Köln und Opladen 1966, S. 350 ff. — Neuere Angaben nicht verfügbar.

Im Vergleich zu konkurrierenden Distributionswegen erweisen sich Entgelte für Außendienstmitarbeiter in Höhe von beispielsweise 35 v. H. der erzielten Auftragswerte (einschließlich Prämien und anderer Vergütungen), die von Unkundigen und Außenstehenden oft als hoch empfunden werden, als durchaus tragbar und stellen die Wettbewerbsfähigkeit des Direktvertriebssystems keineswegs in Frage.

Auch die Versandhäuser, die — wie an anderer Stelle dargelegt — Sammelbesteller und Vertreter im Nebenberuf eingeschaltet haben, um den Kontakt mit den Kunden zu verbessern, und für die akquisitorischen Bemühungen dieser Kräfte mit Provisionszahlungen belastet sind, haben dadurch ihre Wettbewerbsfähigkeit nicht verloren. Sie ist eher gestärkt worden, weil durch die menschlichen Kontakte zu den

Kunden die Absatzmöglichkeiten verbessert worden sind. Freilich ist durch die Provisionszahlungen das Kostengefüge in gewissem Umfange verändert worden.

Nach diesen Überlegungen spricht jedenfalls nichts dafür, daß sich an Spannen und Kosten das Schicksal der Direktvertriebsunternehmungen entscheide und daß sie von dieser Seite her als nicht wettbewerbsfähig mit anderen Absatzwegen bezeichnet werden könnten.

Schlußbemerkung

Ebenso wie die alt überkommenen Wochenmärkte und die Straßenhändler oder die modernen Discounter, die konventionellen Warenhäuser, die hochwertigen Spezialgeschäfte oder die avantgardistischen Boutiquen jeweils vorzugsweise eine bestimmte Gruppe von Menschen mit einem bestimmten Kreis von Produkten ansprechen, so tun dies auch die Unternehmungen des Direktvertriebs.

Es sind mithin genau so wie bei den anderen Betriebsformen und Betriebstypen des Handels bestimmte Segmente des Marktes, die die Anbieter als für sich fruchtbar ansehen und denen sie sich unter Heranziehung der ihnen geeignet erscheinenden absatzpolitischen Instrumente widmen.

Auf der Seite der Umworbenen müssen die Direktvertriebsunternehmungen mit Einstellungen, Haltungen und Erwartungen rechnen, die von Herkunft, Erlebnissen, Erfahrungen und nicht zuletzt von Meinungen und Einflüssen der Umwelt geprägt und die für sie oft, wenn nicht sogar in der Mehrzahl ungünstig sind.

Diese Hemmungen durch ihr Verhalten abzubauen und zu überwinden, ist die wichtigste Marketingaufgabe, die den Direktvertriebsunternehmungen gestellt ist.

Daß sie auf diesem Wege schon viel erreicht haben, zeigen ihre Absatzerfolge, in denen sich das Vertrauen widerspiegelt, das ihnen von denen entgegengebracht wird, die sie als Kunden gewonnen haben.

Schlußbemerkung

Ebenso wie die alt überkommenen Wochenmärkte und die Straßenhändler oder die modernen Discounter, die konventionellen Warenhäuser, die hochwertigen Spezialgeschäfte oder die avantgardistischen Boutiquen jeweils vorzugsweise eine bestimmte Gruppe von Menschen mit einem bestimmten Kreis von Produkten ansprechen, so tun dies auch die Unternehmungen des Direktvertriebs.

Es sind mithin genau so wie bei den anderen Betriebsformen und Betriebstypen des Handels bestimmte Segmente des Marktes, die die Anbieter als für sich fruchtbar ansehen und denen sie sich unter Heranziehung der ihnen geeignet erscheinenden absatzpolitischen Instrumente widmen.

Auf der Seite der Umworbenen müssen die Direktvertriebsunternehmungen mit Einstellungen, Haltungen und Erwartungen rechnen, die von Herkunft, Erlebnissen, Erfahrungen und nicht zuletzt von Meinungen und Einflüssen der Umwelt geprägt und die für sie oft, wenn nicht sogar in der Mehrzahl ungünstig sind.

Diese Hemmungen durch ihr Verhalten abzubauen und zu überwinden, ist die wichtigste Marketingaufgabe, die den Direktvertriebsunternehmungen gestellt ist.

Daß sie auf diesem Wege schon viel erreicht haben, zeigen ihre Absatzerfolge, in denen sich das Vertrauen widerspiegelt, das ihnen von denen entgegengebracht wird, die sie als Kunden gewonnen haben.

Printed by Libri Plureos GmbH
in Hamburg, Germany